교양 꿀꺽
법은 정말 필요할까?

교양 꿀꺽

법은 정말 필요할까?

김희균 지음 | 김잔디 그림

봄마중

차례

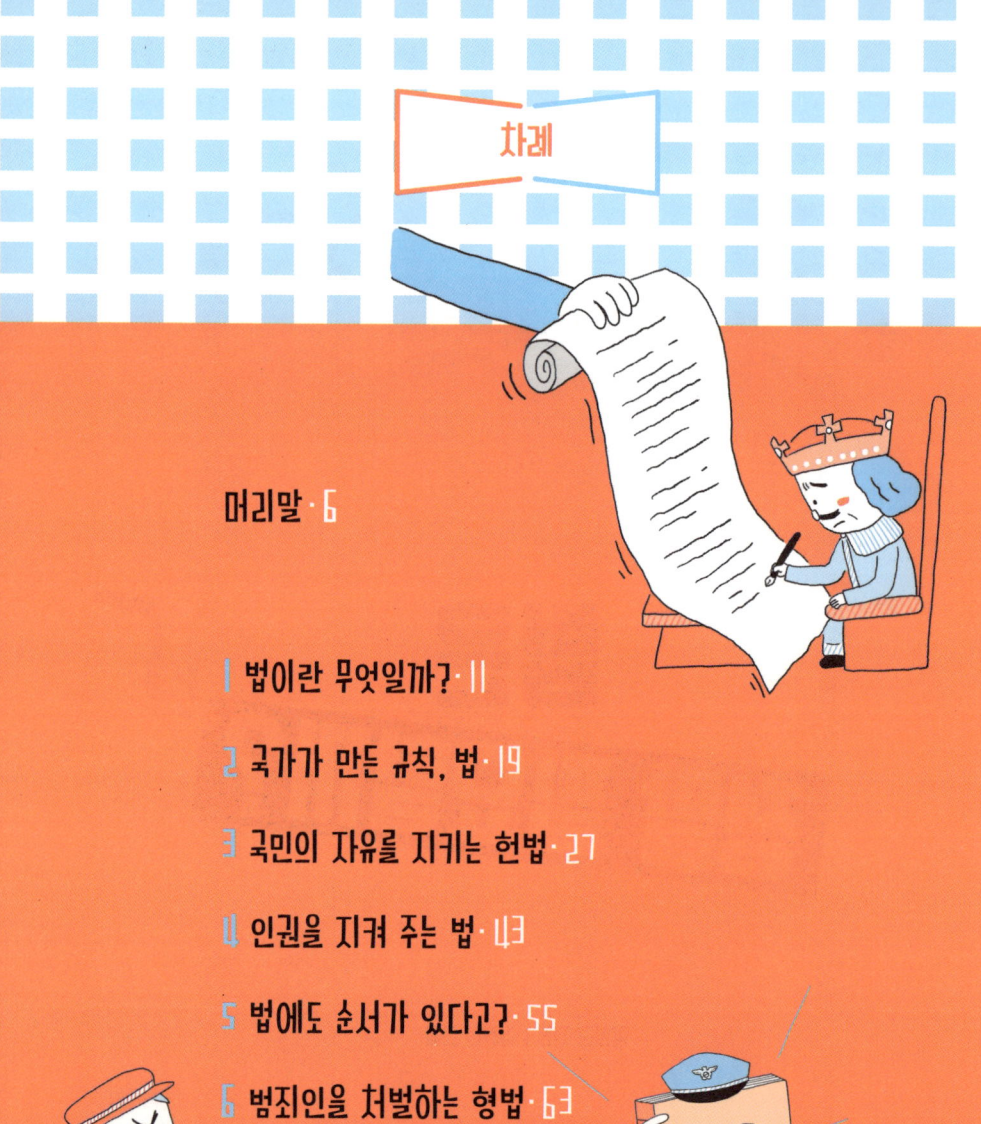

머리말 · 6

1 법이란 무엇일까? · 11

2 국가가 만든 규칙, 법 · 19

3 국민의 자유를 지키는 헌법 · 27

4 인권을 지켜 주는 법 · 43

5 법에도 순서가 있다고? · 55

6 범죄인을 처벌하는 형법 · 63

7 아이들이 죄를 지었다면? · 75

8 계약을 지켜 주는 민법 · 85

9 일하는 사람을 위한 노동법 · 95

10 법은 어떻게 만들어질까? · 103

11 법 관련 일을 하는 사람들 · 115

12 로스쿨이 뭐예요? · 123

13 세상을 바꾸는 방법 · 131

"법적 조치를 취하겠습니다!"

방송에서 화가 많이 난 유명인들이 이런 얘기를 하면서 인상 쓰는 것을 한두 번쯤 봤을 거야. 나한테 말하는 것도 아닌데 이런 말을 들으면 괜히 마음이 불편해. 판사나 검사, 변호사 같은 사람들도 좀 무서워 보이고. '법'은 정말 친해지기 어려운 친구 같아.

하지만 곰곰이 생각해 보면, 불편한 것은 법이 아니라 사람들이야. 이 세상에는 너무나 많은 사람들이 살고 있어서 늘 문제가 생기거든. 물건을 사고팔고, 차를 타고 이동하고, 학교에 가서 공부를 하고, 결혼을 하고, 일터

에서 계약을 하고, 먼 나라로 여행을 다니고, 아파서 병원에 가고……. 이러다 보면 수많은 갈등과 다툼이 생겨나게 마련이지.

갈등과 다툼을 힘으로 해결하려고 하면 아주 힘든 세상이 될 거야. 매일 주먹 싸움이 벌어지고, 마을 간에, 나라 간에 전쟁이 끊이지 않겠지. 힘이 센 사람이라고 해서 이런 세상이 좋은 건 아닐 거야. 아무리 힘이 세도 더 힘이 센 사람에게 당할 수 있으니까.

법은 사람들의 다툼을 해결하는 가장 안전한 길이야. 수천만 명이 사는 나라에서 그나마 이렇게 안전하게 살 수 있는 것은 우리가 법을 지키고 살기 때문이거든. 법이 다스리는 나라는 어떤 나라보다 평화로워. 법은 우리를 위해서 우리가 만든 거야. 그러니까 우리가 원하는 세상을 만들어 주는 것이 바로 법이지.

법을 알아야 해. 그래야 이 세상을 더 잘 이해할 수 있고, 더 살기 좋은 세상으로 만들어 갈 수 있거든. 더 좋은 법을 만들어서 많은 사람들이 다툼 없이, 어려움 없이, 행복하게 살 수 있도록 해야 해.

"법적 조치를 취하겠습니다."라고 누군가 말했다면, 그 사람은 어떤 일로 고통을 받고 있는 게 틀림없어. 그 사람의 고통을 해결해 주는 것이 바로 법이야. 겉모습은 무섭고 불편해 보여도 법은 세상 곳곳의 어려움을 해결해 가고 있지. 군인 아저씨들이 우리를 안전하게 지켜 주듯 법은 우리의 행복을 지켜 주는 거란다.

이 책을 통해서 여러분이 법과 더 친해지고, 많은 친구들이 판사, 검사, 변호사가 되고 싶다는 마음을 먹게 되면 좋겠어. 법과 함께 우리 모두가 더 행복질 수 있도록 말이야.

1

법이란 무엇일까?

법에는 두 가지가 있어. 하나는 **자연의 법칙**이고, 다른 하나는 **사람이 만든 법칙**이야.

자연의 법칙이란, 물이 위에서 아래로 흐른다거나, 달이 차면 기운다거나, 힘이 센 동물이 힘이 약한 동물을 잡아먹는다거나 하는, 우리가 어떻게 바꿀 수 없는 세상의 이치 같은 거야. 생각해 보면 우리가 사는 세상은 아무렇게나 만들어진 것 같아도 실상은 그렇지 않아. 나름대로 설계를 잘 해서, 적당하게 '잘' 만들어져 있지.

예를 들어 쥐가 코끼리만큼 크다거나, 코끼리가 쥐만큼 작아지면 어떤 느낌이 들까? 한편으로는 너무 끔찍하고, 다른 한편으로는 너무 우스꽝스럽겠지. 누가 이 세상을 만들었는지는 모르지만 나름대로 법칙에 따라, 조화롭게 만든 것 같아. 추운 겨울이 지나면 새봄이 오고, 더운 여름이 지나면 오곡이 무르익는 가을이 오고 말이야. 그 안에서 온갖 동물과 식물은 태어나고 자라고 살고 언젠가는 조용히 사라지지.

사람도 결국은 동물 중 하나니까 자연의 법칙을 거스를 수는 없어. 우리 힘으로 세상의 강물을 거꾸로 흐르게 할

수 없는 것처럼 말이야. 게다가 우리들 모두 언젠가는 흙으로 돌아가는 이치도 거스를 수 없지.

그런데 우리는 이것 말고도 또 하나의 법칙을 가지고 있어. 바로 **규칙**이야. 건널목 신호등에 빨간 불이 켜지면 건너서는 안 되잖아?

이건 자연이 만들어낸 게 아니라, 우리 스스로 만들어낸 거야. 이런 규칙이 있어야 건널목에서 사고 없이 잘 건너다닐 수 있으니까. 동물은 이걸 알 리가 없어. 강아지는 파란불이고 빨간불이고 구별하지 못하고 마구 길을 건너려고 하겠지.

이렇게 사람들이 만들어서 지켜야 하는 규칙이 세상에는 얼마나 많은지 몰라. 우리는 집 밖으로 나가면 바로 무수히 많은 규칙을 만나. 사람은 차도가 아닌 인도로 걸어야 하고, 에스컬레이터에서 뛰면 안 되고, 거리에 쓰레기를 버리면 안 되고, 학교에 지각하면 안 되고, 숙제도 꼭 해야만 하지.

집 밖에서만 규칙이 있는 것도 아니야. 집 안에도 우리가 지켜야 할 규칙은 아주 많아. 다행히 우리는 부모님으로부터 아주 어릴 때부터 엄청나게 많은 규칙을 배우지. '콘센트는 만지지 마라.', '동생을 때리면 안 된다.', '뜨거운 냄비는 건드리지 마라.', '잠자기 전에는 칫솔질을 해야 한다.' 등등 말이야. 과연 규칙의 수는 얼마나 될까? 아마 셀 수도 없을 만큼 많겠지.

곰곰이 생각해 보면 사람들은 자신이 원하는 생활을 하고 있는 게 아닌지도 몰라. 원해서 학교에 가고, 원해서 수업을 듣고, 원해서 시험을 보고, 원해서 나이를 먹는 게 아닐 테니까. 해야 되니까 하는 게 대부분이지. 그게 바로 규칙이라는 거야. 규칙을 어기면 제재, 즉 벌이 따르지. 부모님에게 혼나거나 학교에서 점수가 깎이거나, 하다못해 다른 사람의 눈치를 받거나 말이야.

사람은 규칙 없이 살 수 없어.

무인도에서 혼자 산다면 모를까. 그렇지 않고 같이 모

여서 사회를 이루고 사는 거라면 우리 몸을 그물처럼 둘러싼 규칙이 있고, 그걸 지킬 수밖에 없지.

규칙, 그게 우리를 동물이 아닌 사람으로 만들어 줘. 규칙은 뇌에 박힌다고 하잖아? 강아지 정도의 뇌로는 어림없지. 아주 큰 용량의 뇌가 있어야 돼. 거기에 수십 년 동안 담아온 게 바로 규칙이라는 거야.

뇌가 죽지 않는 한 사람은 규칙에서 자유로울 수 없어. 사람은 반드시 법이 있어야 한다는 말이지.

2

국가가 만든 규칙, 법

부모가 아이를 낳으면 가족이 돼. 그 아이가 결혼을 해서 또 아이를 낳으면 더 큰 가족이 되는 거고. 이렇게 대대손손 이어지는 가족의 무리를 우리는 **씨족**이라고 불러. 뿌리가 같고, 기원이 같다는 뜻이야. 예전에는 같은 성씨를 가진 사람들은 같은 동네에서 살았어. 이걸 **집성촌**이라고 하지. 집성촌에서는 동네 전체가 한 가족이나 다름없었어.

그런데 같은 씨족끼리는 결혼을 하지 않는 게 하나의 규칙이야. 같은 성씨가 결혼하면 일이 복잡해지거든. 고모와 조카가 결혼을 하게 되면, 어떤 일이 벌어질까? 사촌끼리 결혼을 하면 이모가 장모가 될 수도 있어. 많은 게 혼란스러워지겠지. 게다가 씨족끼리는 유전자가 비슷하기 때문에 유전자끼리 충돌해서 정상적이지 않은 아이가 태어날 수도 있어. 그래서 씨족 안에서 결혼을 하는 게 아니라, 다른 씨족 사람을 만나 결혼을 하고, 두 씨족은 이웃지간으로 지내게 되는 게 대부분이야.

이렇게 여러 개의 씨족이 서로 결혼도 하면서 같은 지역에서 모여 살게 된 것을 우리는 **부족**(tribe)이라고 해.

우리로 치면 조선족도 부족이고, 부여족도 부족이야. 유럽에는 앵글스(Angles: 얼굴이 희다는 뜻)라는 부족도 있고, 색슨(Saxons: 도끼를 잘 쓴다는 뜻)이라는 부족도 있지.

같은 부족에 속하는 사람들은 대개 같은 규칙을 써. 그 기원을 따져 올라가면 같은 부족 사람들은 서로 연결되어 있어서 어려서부터 배운 게 비슷한 거지. 게르만 족에게는 이런 속담이 있어. '게르만의 법은 뼈에 새긴다.' 같은 게르만 족이라면 대개는 같은 법을 쓰고 있다는 얘기야. 뼈에 새긴 거니까 바꿀 수도 없겠지.

그런데 만약 다른 두 부족이 합쳐서 하나의 공동체를 이룰 필요가 생기면 어떻게 될까? 가령, 한 부족의 힘으로는 영토를 지키는 게 힘들어서 두 부족이 서로 힘을 합친다고 생각해 보자고. '이제 우리 두 부족은 서로 싸우지 않고 힘을 합쳐서 같이 외적에 맞서 싸웁시다!'라고 합의를 할 수도 있지.

실제로 역사에서는 이런 일이 많이 일어났어. 우리나라도 기원전 2333년에 조선족과 부여족이 서로 힘을 합치기로 했지. 그렇게 만들어진 것을 우리는 '부족연합국가' 또는 간단하게 '국가'라고 불러. 우리나라 최초의 국가 '고조선'은 정확하게 말하면, 조선족과 부여족의 연합 국가였던 거야.

이렇게 두 개 이상의 부족이 합쳐져서 하나의 국가가 되려면 어떤 과정을 거칠지 생각해 봐. 서로 의논을 해야 할 일이 아주 많겠지? 각 부족이 어떤 역할을 할 건지, 세금 중 얼마를 국가예산으로 낼 건지, 누가 국가의 대표를 맡을 건지 등을 결정해야 돼. 그래야 서로 다투지 않고 국가를 잘 이끌어갈 수 있으니까.

그런데 이때 아주 중요한 문제가 하나 있어. 바로 규칙을 통일하는 거야. 두 부족은 태생이 다르기 때문에 배워 온 규칙이 달라. 조선족은 남편이 죽으면 부인도 따라 죽는 풍습이 있을 수 있고, 부여족은 형이 죽으면 동생이 형수와 결혼한다는 규칙이 있을 수도 있어. 그걸 서로 맞추는 게 아주 까다로운 일일 거야. 그래서 일단은 몇 가지라도 먼저 합의를 해. 대부분은 자기 부족의 규칙을 따르지만 이것만큼은 우리 모두가 지키자고 하면서 중요한 몇 가지를 정하는 거야.

예를 들어 사람을 죽인 자는 사형에 처한다, 남의 물건을 훔친 자는 그 가족의 노예로 삼는다, 이런 식으로 말이야. 이렇게 부족이 합쳐서 국가가 되면서 합의한 규칙, 그걸 우리는 '법'이라고 해.

법은 한마디로 말하면, '국가가 만든 규칙'이야.

우리 민족의 시작이라고 할 수 있는 고조선에는 '8조금법'이라고 하는 법이 있었지. 이게 규칙이 아니고 '법'인 이유는 그걸 어겼을 때는 부족이 아니라 고조선이라는 국가가 벌을 내리기 때문이지.

고조선 다음에는 고구려, 백제, 신라의 삼국시대가 있었고, 신라가 삼국을 통일하면서 통일신라가 됐고, 북쪽으로는 발해가 있었고, 후삼국 시대를 거쳐 고려, 조선으로 이어지다가, 일제 강점기를 거쳐 남한에 대한민국이 만들어지게 됐지.

그러면서 처음에는 불과 8개 조문에 불과하던 법이 지금은 수백, 수천 개의 조문으로 늘어났어. 법은 이처럼 처음에는 별 거 아니었는데 세월이 지나면서 규칙보다 훨씬 더 중요한 것으로 바뀌었지. 요즘은 규칙 가운데 제일 중요한 게 법이 아닐까 싶어. '삼강오륜'이나 '십계명' 보다는 '헌법'이나 '형법'이 더 중요해진 거지. 요즘 '가문의 규칙'이니 '부족의 규칙' 같은 말은 안 하잖아.

이렇게 정리를 하면 될 것 같아. 우리는 역사적으로 무수히도 많은 규칙(rules) 또는 규범(norms)을 만들어 왔어. 그런데 그 중에서 오늘날 가장 중요한 규칙은 국가가 만드는 규칙이야. 다른 규칙은 어긴다고 해도 그다지 큰 벌을 받지 않고 넘어갈 수도 있어. 동네의 관습을 어겼다고 해서 아주 큰 벌을 받는 건 아닐 테니까.

하지만 국가가 만든 규칙은 달라. 형벌(징역이나 사형)과 같은 심한 제재를 받게 돼. 그래서 누구나 잘 기억하고, 잘 지켜야 돼. 안 그랬다가는 낭패를 볼 수도 있고, 심지어 목숨을 잃을 수도 있어. 이처럼 어겼을 때 국가가 제재를 가하는 규칙을 '법'이라고 해.

3

국민의 자유를 지키는 헌법

세계 최초의 법은 **함무라비 법전**이고, 우리나라 최초의 법은 고조선의 '8조금법'이야. 그렇다면 이 법은 지금도 우리의 법이라고 할 수 있을까? 고조선뿐만 아니라 신라, 고려, 조선의 법도 우리가 지금 잘 받아서 쓰고 있을까?

그렇지는 않아.

조선시대에《경국대전》이라는 나라 살림에 관한 법이 있었거든. 지금까지《경국대전》의 원본은 잘 보존되어 있지만, 이건 그냥 역사책에 지나지 않아. 그 내용대로 우리 법원이 판결을 하지는 않으니까.

심지어 우리나라는 일제 강점기라는 암흑기를 35년이나 거쳐 오는 바람에 이전과는 전혀 다른 나라가 되고 말았어. 조선시대는 그냥 우리 민족의 '역사'일 뿐이야. 일본으로부터 해방된 다음에 우리는 조선과는 전혀 다른 새로운 국가를 만들었거든. 그게 바로 우리가 사는 '대한민국'이야.

대한민국이 되면서, 이전까지의 법은 없던 걸로 치고 하나하나 다 다시 만들었어. 우리나라만 그랬던 것도 아니야. 식민지 경험을 가진 아시아 대부분의 나라는 20세기 들어 새로 국가를 만들고, 새로 법을 만들었지. 대만도 그렇고, 필리핀도 그렇고, 심지어 중국도 그래. 식민지는 안 겪었지만 프랑스도 그렇지. 1789년 대혁명을 겪으면서 그 전의 군주국에서 공화국으로 바뀌었거든. 그때 법이고 뭐고 다 다시 만들었어.

자, 그러면 어느 순간 우리가 국가와 법을 새로 만든다고 해 보자고.

제일 먼저 어떤 법을 만들어야 할까?

범죄와 형벌에 대해서 먼저 정할까? 아니면 부동산에 대해서 말할까? 아니면 세금 얘기를 할까? 다 아니야. 제일 먼저 해야 할 것은 우리나라가 어떤 나라인지를 정하는 거야. 우리는 어떤 나라가 되고 싶은지, 우리 영토는 어디까지인지, 국민은 누가 되는지, 어떤 정치를 할

것인지, 이런 큰 그림을 그리는 게 제일 중요해. 바로 그런 것들이 적혀 있는 법을 헌법이라고 해. 헌법을 영어로 'constitution'이라고 하는데, constitute가 바로 '만든다'는 뜻이야.

일제로부터 해방되고 난 다음 우리는 여러 번의 회의를 열었어. 거기서 중요한 사실을 정리했지. '우리는 전통에 빛나는 대한민국이다.', '3.1운동 등 독립정신을 계승하여 민주국가를 건설했다.', '사회적 폐습을 타파하고 민주주의 국가를 만들어 가겠다.', 또 '국제평화유지에 노력하겠다.' 등등 대한민국이 나아갈 길을 정한 거지.

바로 대한민국 헌법의 표지에 해당하는 〈전문〉이 그거야.

유구한 역사와 전통에 빛나는 우리 대한국민은 3·1 운동으로 건립된 대한민국임시정부의 법통과 불의에 항거한 4·19 민주이념을 계승하고, 조국의 민주개혁과 평화적 통일의 사명에 입각하여 정의·인도와 동포애로써 민족의 단결을 공고히 하고, 모든 사회적 폐습과 불의를 타파하며, 자율과 조화를 바탕으로 자유민주적 기본질서를 더욱 확고히 하여 정치·경제·사회·문화의 모든 영역에 있어서 각인의 기회를 균등히 하고, 능력을 최고도로 발휘하게 하며, 자유와 권리에 따르는 책임과 의무를 완수하게 하여, 안으로는 국민생활의 균등한 향상을 기하고 밖으로는 항구적인 세계평화와 인류공영에 이바지함으로써 우리들과 우리들의 자손의 안전과 자유와 행복을 영원히 확보할 것을 다짐하면서 1948년 7월 12일에 제정되고 8차에 걸쳐 개정된 헌법을 이제 국회의 의결을 거쳐 국민투표에 의하여 개정한다.

그런 다음 헌법은 하나하나 우리 대한민국의 모습에 대해 적어 내려가고 있어. 가령, 제1조에서 대한민국은 **민주공화국**이라고 밝혔어. '공화국'이 뭐냐면, 왕의 나라, 즉 군주국이 아니라는 뜻이야. 왕이 다스리던 조선시대와는 다르다는 얘기지.

또 '민주'라는 것은 국민이 주인이 된다는 뜻이야. 나라를 운영하는 데 있어서 누구 한 사람의 의사대로 하는 게 아니라, 국민의 뜻에 따르겠다는 거지. 우리는 독재국가도 아니고, 귀족국가도 아니야. 국민이 주인이 되는 민주공화국이지.

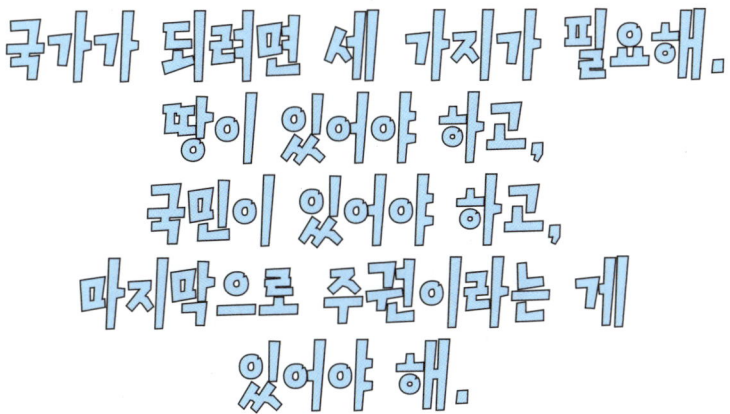

국가가 되려면 세 가지가 필요해.
땅이 있어야 하고,
국민이 있어야 하고,
마지막으로 주권이라는 게
있어야 해.

주권(sovereignty)이 뭘까? 어려운 말처럼 보이지? 그런데 영어로 쓰면 별로 어려운 말도 아니야. super power 라는 뜻이거든.

그 나라에 관한 한, 국가가 제일 높은 지위에 있다는

의미이기도 해. 옆의 나라에 비해 작고 힘이 없어도, 그 나라를 존중하는 의미에서 우리는 일본, 중국, 필리핀과 같은 나라들을 **주권국가**라고 불러. 그 국가의 일에는 다른 나라가 간섭할 수 없다는 뜻이야. 국가가 최고니까. 우리 대한민국도 일찍이 국제사회로부터 인정을 받은 엄연한 주권국가지.

거기다 **영토**가 필요해. 허공에 나라를 세울 수는 없을 테니까. 우리 헌법 제3조에 보면 '대한민국의 영토는 한반도와 그 부속도서로 한다.'라고 되어 있어. 위로는 압록강과 두만강에서 시작해서 아래로는 전라남도 해남 땅끝까지 이어지는 22만 제곱킬로미터의 이 땅이 바로 한반도야. 이와 함께 주위의 섬들, 즉 제주도, 울릉도, 독도를 포함한 3,000여 개의 섬을 더하면 우리나라 영토가 되는 거야.

헌법이 만들어진 건 1947년이고 그때부터 지금까지 우리는 한반도의 남쪽에만 살아 왔어. 하지만 1947년 당시 우리 생각으로는, 곧 통일이 되어서 한반도 전체가 대한민국이 될 줄 알았지. 그래서 영토를 한반도라고 밝힌 거야.

북한도 마찬가지야. 북한 헌법에는 영토 얘기는 따로 없지만 '조선인민민주주의공화국의 수부(수도)는 서울이다.'라고 써 있었거든. 서울을 포함한 남한도 자기들 땅이라고 생각한 거야. 그러다가 6.25전쟁으로 완전히 분단이 되고 나서 한참 후인 1972년 헌법에서 '수도는 평양이다.'라고 바꾸었지. 그때쯤 남쪽을 포기했다는 뜻이겠지. 그런데 우리는 아직도 한반도 전체를 대한민국의 영토로 한다고 선언하고 있어. 통일한국을 지향하니까 말이야.

　그러면 이 대한민국의 국민은 누가 될까? 국민이 되는 방법은 크게 두 가지가 있어. 하나는 태어나면서 국민이 되는 거고, 다른 하나는 태어날 때는 국민이 아니었는데 나중에 국민 자격을 얻는 방법이지. 앞의 것을 **출생**에 의한 국적 취득이라고 하고, 뒤의 것을 **귀화**에 의한 국적 취득이라고 해. **국적법**이라는 법률에 보면 자세하게 나와 있지.

20세기는 '헌법의 시대'야.

그만큼 많은 국가가 생겼고, 그 국가들이 전부 헌법을 만들었어. 헌법을 만드는 게 아주 까다로운 일일 것 같은데, 사실은 그렇지도 않아. 이미 만들어진 다른 나라 헌법을 참고하면 되거든. 잘 된 걸로는 미국 헌법도 있고, 프랑스 헌법도 있고, 독일 헌법도 있어. 그 내용을 잘 읽어본 다음에 필요한 것만 추려서 가져오면 되는 거지. 일

본도 그랬고, 우리도 그랬어.

  법에는 저작권이라는 게 없어. 헌법을 비슷하게 썼다고 해서 뭐라 따질 사람이 없다는 뜻이야. 그러다 보니까 민주주의를 제대로 해 본 경험이 없는 나라가 민주주의를 제대로 할 것처럼 헌법에 써 놓기도 하지.

  이렇게 실제 현실과는 달리 헌법만 근사하게 적혀 있는 것을 장식적 헌법이라고 해. 벽에 걸어놓은 장식품과 다름이 없다는 뜻이야. 반면에 미국이나 영국, 프랑스처럼 실제 생활에서도 헌법에 적힌 것이 그대로 실현되는 것을

규범적 헌법이라고 해.

그럼 우리나라는 어떨까?

우리나라도 장식적 헌법이 전혀 아니었다고 말할 수는 없어. 특히 1980년대 이전에는 말이야. 하지만 지금은 많이 달라졌지.

지금은 헌법을 잘 지키는지를 감시하는 법원까지 생겼으니까. 바로 헌법재판소라는 곳이야.

헌법에 어긋나는 일을 하면 헌법재판소가 가만히 있지 않아. 잘못을 저지르면 대통령도 물러나게 할 힘을 가진 곳이거든. 헌법은 우리나라 최고의 법이기 때문에 쉽게 봐서는 안 돼. 헌법의 한 문장 한 문장이 엄청나게 중요하다는 뜻이야.

앞으로 살다가 아주 억울한 일을 당하게 되면, 다짜고짜 이렇게 한 번 소리를 질러 봐.

"이거 헌법 위반입니다!"

그러면 상대방은 십중팔구 움찔할 거야. 그리고 진짜 헌법위반일 가능성도 높아. 누군가가 정말 억울한 일을 당했다면 헌법에도 반하는 일일 테니까. 헌법은 이렇게 우리 가까이에서 우리가 억울하고 부당한 일을 당하지 않도록 지켜 주는 역할을 해.

그래서 헌법을 '자유의 보루(bastion of liberty)'라고 하지. 국민의 자유를 지키는 성이라는 뜻이야.

인권을 지켜 주는 법

인권이라는 말 들어 봤지? 사람이 사람이기 때문에 가지고 있는 권리, 그걸 인권이라고 해. 사람에게 목줄을 매서 끌고 다니거나, 먹을 수도 없는 구정물을 먹이거나, 강제로 일을 시키거나 하는 것은 절대로 해서는 안 될 일이지. 인권을 침해하는 일이니까.

인류의 역사를 되돌아보면 인권 침해는 아주 오래도록 계속되어 왔어.

중세의 농노나 미국의 흑인 노예가 그런 경우지. 같은 사람임에도 불구하고 사람을 괴롭히고 착취해 온 게 인류의 역사인지도 몰라.

1215년 영국 국민들은 왕의 인권침해에 반대해서 내전을 일으켰어. 당시 **존왕**이라는 사람이 재판도 없이 사람을 사형에 처하고, 재산을 마구 빼앗았거든. 그래서 군대를 일으켜 존왕을 제압한 다음 합의문 한 장을 내밀면

서 서명을 요구했지. 이것이 바로 유명한 마그나 카르타(대헌장)라는 거야. 한마디로 당신 마음대로 하지 말고 여기 적힌 우리의 기본적인 인권을 보장해 달라는 것이었지. 존왕은 마지못해 서명을 하긴 했지만 금세 그 합의가 무효라고 선언을 해 버렸어.

그래서 또다시 왕과 국민들 사이의 전쟁이 계속됐지. 약 400년 동안 영국 국민들은 기회가 될 때마다 왕에게 청원도 하고, 협박도 하고, 전쟁도 하면서 자신들의 기본적인 권리를 인정해 달라고 요구했어. 그리고 결국 1688년에 권리장전(bill of rights)이라는 이름의 약속을 받아냈지. 당시 영국 왕위에 오른 오렌지 공 윌리엄으로부터 말이야. 이걸 피를 흘리지 않고 완성한 혁명이라는 뜻에서 명예혁명이라고 해.

국가가 공식적으로 인정한 권리를 우리는 '기본권'이라고 불러.

우리 헌법 제10조부터 제37조까지 다양한 기본권이 보장되어 있어. 행복추구권, 인간다운 생활권 같은 것이지. **유엔인권규약**은 각 나라의 기본권 조항을 크게 둘로 나누는데, 하나는 **자유권**이고, 다른 하나는 **사회권**이야. 자유권은 국가가 국민을 가만히 내버려두는 것을 내용으로 해. 우리 헌법 제14조에 보면 "모든 국민은 거주 이전의 자유를 가진다."라고 되어 있거든. 국민은 원하는 곳으로 가서 살 수 있고, 국가가 이리로 가라, 저리로 가라 할 수는 없다는 이야기야. 또 신체의 자유도 있고, 표현의 자유, 종교의 자유, 양심의 자유도 있어. 국가는 이런 자유권을 침해하지 않도록 노력해야 하는 거야.

그런데 사회권은 이런 자유권과는 내용이 달라. 주로 국가에 대해 뭘 해 달라고 요구하는 거거든. 예를 들면, 제35조 제1항은 '모든 국민은 건강하고 쾌적한 환경에서 생활할 권리를 가진다.'고 적혀 있어. 이 말을 곧이곧대로 지키려면 국민들이 사는 곳이 마음에 안 든다고 하면 국가가 돈을 들여서 쾌적한 환경이 되도록 해야 하는 거야. 우리나라를 포함해서 경제력이 충분하지 않은 나라들은 국민의 이런 요구를 다 들어줄 수가 없어. 그래서 유엔은 자유권에 대해서는 모든 국가가 철저히 보장할 것을 권고하면서도, 사회권에 대해서는 각 국가의 처지에 맞게 보장하라고 해. 국가의 경제력에 따라 국민에게 보장되는 기본권이 다를 수밖에 없는 거지.

게다가 요즘은 국민들이 원하는 것도 점점 많아지고 있어. 최근 문제가 된 **장애인 이동권**도 그 중 하나지. 사실 건강한 사람들은 지하철 승차권만 있으면 가고 싶은 곳 어디든 갈 수 있잖아? 그런데 장애인들은 그게 아니거든. 혼자서 휠체어를 타고 지하철 승강장까지 내려가는 일이 보통 문제가 아니야. 그래서 국가가 전용 엘리베이터를 만들어서 장애인들이 불편 없이 지하철을 탈 수 있게 해 달라는 거야.

우리 헌법에는 아직 이런 규정이 없으니까 장애인 단체들은 헌법에 넣어달라고 시위를 하고 있는 중이지.

그뿐만이 아니야. 전에는 중요하지 않았던 것들이 세상이 변하면서 중요한 기본권으로 올라오고 있어. 가령, '안전권'이나 '자기정보보호권' 같은 권리도 기본권이 되

어야 한다는 목소리가 높아. 코로나 사태를 겪으면서 안전하게 사는 데 대한 관심이 그만큼 높아졌으니까. 게다가 요즘은 제4차 산업혁명 시대라고 하잖아? 사물인터넷, 로봇, 인공지능, 빅데이터 등 급격한 기술발전 덕에 새로운 자유권이 문제가 되기도 했어.

예를 들면 칠레에서는 뇌를 조작할 위험에 대비해서 국가가 뇌신경을 침해하지 말라는 의미의 신경권(neuro rights) 조항이 헌법에 기본권으로 들어가기도 했지.

지금은 또 사람의 인권만 중요한 세상이 아니야. 같은 지구의 구성원인 **동물의 권리**도 보장해야 한다는 목소리가 많지. 사람과 동물과 환경은 결국 건강 측면에서는 하나라는 뜻의 '하나의 건강(one health)' 이론이 독일과 같은 선진국을 중심으로 많은 공감대를 얻고 있어. 독일은 국가의 동물 보호 의무를 헌법에 적어 놓고 있거든.

이렇게 헌법에는 다양한 기본권 조항이 들어가 있어. 그리고 이렇게 규정된 국민의 기본권이 제대로 보장되기 위해서는 국가기관 하나에 권력이 집중되어서는 안 돼. 여러 곳에 나뉘어 있어야 서로 눈치 보느라고 마음대로 하지 못하거든.

그래서 **프랑스 인권선언** 제16조에는 이런 말이 있어.

> **"권리의 보장이 확보되지 않고 권력의 분립이 확립되지 않은 사회는 헌법을 갖고 있는 것이 아니다."**

헌법의 목적은 국가권력을 나눠서 국민의 기본권이 최대한 보장되게 하는 거야. 기본권 보장이 안 된다면 헌법이 있어도 그건 가짜 헌법이라는 말이지.

우리 헌법을 가만히 살펴봐. 제40조부터는 전부 권력을 나누는 내용이야. **입법권**은 국회가 갖고, **행정권**은 정부가, **재판권**은 법원이 갖도록 정했지. 그래서 한 기관이 권력을 남용하면 바로 **헌법 위반**이 돼.

헌법은 한마디로, 국민을 보호하고 국가를 견제하는

법이라고 할 수 있지. 마그나 카르타가 꿈꾸던 세상이 바로 이런 것이었을 거야.

5

법에도 순서가 있다고?

법 중에 헌법이 제일 중요하다고 했지만, 헌법이 전부는 아냐. 헌법 전체를 종이에 적으면 A4지로 16장밖에 안 돼. 그 정도 가지고 우리나라의 모든 복잡한 문제를 다 해결할 수는 없어. 그래서 헌법은 중요한 원칙만 정하고, 나머지는 그 아래 있는 법률로 정해놓고 있지.

예를 들면, 세금에 관한 것은 세법, 도로교통에 관한 것은 도로교통법, 형벌에 관한 것은 형법으로 시행을 하는 거지. 법률을 만드는 건 국회고 법률에 적은 대로 실행을 하는 것은 정부고, 법률에 따라 재판을 하는 건 법원이야.

결국, 우리 대한민국이 움직이기 위해서는 법률이 꼭 필요해. 우리가 학교를 가는 것도 그렇고, 학교가 끝나고 길을 걸어가는 것도 그렇고, 밥을 먹으러 식당에 들어가는 것도 그렇고, 친구들과 전화통화를 하고, 놀이터에서 놀고, 이 모든 일이 문제없이 잘 진행되려면 법이 있어야 돼. 법이 필요 없는 곳은 거의 없어. 가족끼리 집 안에서 밥을 먹을 때도 법이 필요하지. 부모와 자식 간에도 '민법'이라는 법률이 적용되니까.

법이 싫으니까 아무도 없는 무인도로 가서 혼자 살겠다

고 해도 법을 피할 수는 없어. 우리나라 무인도의 3분의 2는 개인 소유이기 때문에 거기 들어가는 것 자체가 남의 땅에 들어가는 범죄야. **주거침입죄!** 나머지 3분의 1은 나라 거니까 거기는 들어가도 된다고? 그것도 아니야. **무인도서의 보전 및 관리에 관한 법률**이라는 게 있어서 허락 없이 무인도에 들어가면 **과태료**를 내야 돼. 나라에 벌금을 내야 한다는 거지. 게다가 독도처럼 환경보존의 필요가 있는 곳에 함부로 들어가면 **독도 등 도서지역의 생태계 보전에 관한 특별법** 위반이 돼. 더 많은 과태료를 내야겠지.

　이렇게 우리 생활 곳곳에서 필요한 법률은 국회가 만들기도 하고, 없애기도 하고, 고치기도 해. 헌법은 딱 하나뿐인데 그 아래로 많은 법률이 있어. 있다가 사라진 것 빼고 현재 우리나라에서 쓰는 법률만 해도 대략 1,600개 정도 돼. 아마 그 법률들을 전부 책으로 묶으면 두꺼운 책으로 10권 이상은 나올 거야.

　그런데 어떤 사람이 지금부터 법을 공부하겠다고 법 책을 첫 장부터 하나하나 읽는다고 생각해 봐. '가'로 시작하는 **가등기담보 등에 관한 법률**부터 가나다라 순으로 법률을 다 공부한다면 아마 끝까지 다 읽기가 쉽지 않을 거야. 법은 매일 새로 생겨나고 있으니까. '다'를 읽을 때쯤 되면 '가'나 '나'로 시작하는 법률이 또 하나 추가되어 있겠지. 게다가 이렇게 읽어서는 그 내용을 잘 알 수가 없어. 법률 전체에 대한 그림을 그리지 않고서는 무슨 말인지 이해하기 어렵거든.

사실 법률을 제대로 공부하고 이해하기 위해서는 법을 나눌 게 아니고 우리의 삶을 나눠야 돼.

우리나라 전체를 한 번 생각해 보자고. 우리나라에서 제일 중요한 건 뭘까? 사람들마다 생각하는 게 조금씩 다르겠지만 아마도 제일 중요한 건, 나라를 지키는 국방이나 안전한 생활을 보장하는 치안, 세금을 걷는 조세, 아이들을 가르치는 교육, 경제, 이런 것들이 아닐까? 한마디로 '나라의 살림'에 관한 법이 필요할 거야. 도로는 어디에 놓고, 군대는 어떻게 만들고, 1년 예산은 어떻게 정해서 어떻게 쓸지. 그걸 통틀어서 행정법이라고 해. '나라의 관리'에 관한 법!

헌법이 국가의 틀에 관한 법이라면, 행정법은 국가의 실제 운영에 관한 법이라고 할 수 있지.

사실 헌법과 행정법만 있으면 국가가 필요로 하는 최소한의 법률은 얼추 준비되는 셈이야. 조선시대 《경국대전》이 바로 그런 거였지. 그것만 가지고도 조선이라는 나라를 큰 문제없이 이끌어 갈 수 있었으니까.

다만 한 가지 부족한 것은, 범죄와 형벌에 대한 거야. 나라가 안정적으로 계속 되기 위해서는 죄를 짓는 사람들을 처벌할 필요가 있거든. 그런데 그건 행정법 가운데서도 특별한 영역에 속해. 바로 형법이지. 여기서 '형'이라고 하는 것은 '형벌'의 앞글자야. 그러니까 '형법'은 다른 말로 '형벌법'이라고 할 수 있어. 범죄를 저지른 사람들에게 어떤 형벌을 부과할지를 정한 법을 말하는 거야.

우리가 아는 '8조금법'이나 '십계명'도 크게 보면 형법에 속해.

형법은 아주 역사가 오래 됐지. 어쩌면 법이라는 것은 형법에서 시작되었는지도 몰라. 세계 최초의 법인 〈함무라비 법전〉도 반 이상은 형법에 관한 내용이거든.

6

범죄인을 처벌하는 형법

이번에는 형법에 대해 생각해 보자.

세상에는 예나 지금이나 나쁜 사람들이 아주 많아. 예를 들면, 길에 침을 뱉고 다니는 사람들이 그래. 청소를 하고 도시를 깨끗하게 관리해야 하는 입장에서 보면 고약하기 그지없는 일이지. 벌금을 물리든, 주의를 주든, 혼을 내야겠다는 생각을 할 수 있어.

하지만 그렇다고 해서 침을 뱉는 사람을 잡아다가 한 달 동안 교도소에 보내 징역을 살릴 수는 없겠지? 침을 뱉거나 소리를 지르거나 길에서 술을 마셨다고 해서 전부 잡아다가 교도소에 보내면 교도소는 금세 만원이 되고, 새로운 교도소를 매달 지어야 할 테니까. 국가의 입장에서 볼 때, 모든 잘못된 행위에 대해서 징역형, 즉 교도소에 가두는 형벌을 부과할 수는 없어.

그래서 우리 헌법은 국민이 저지르는 잘못 가운데 정도가 심한 것만을 추려서, 그것에 대해서만 형벌을 부과하라고 해. 가령, 사람을 죽이거나(살인), 사람을 때리거나(폭행), 다른 사람의 물건을 훔치는(절도) 것처럼, 강력한 처벌을 해야 할 필요가 있는 행위만을 **범죄**라고 하고 그

범죄에 대해서만 형벌을 부과할 수 있지.

문제는 무엇이 범죄냐 하는 건데, 살인이나 폭행, 절도가 범죄인 것은 알겠지만, 어떤 경우나 구별이 명확한 것은 아니야. 예를 들어 생각해 보자고. 아래 사례에서 재우네 친척 아저씨는 범죄를 저지른 걸까, 아닐까? 그 아저씨는 결국 교도소에 가야 되는 걸까, 아닐까?

> 재우네 친척 아저씨는 뒷산에서 사냥꾼이 놓은 덫에 걸려 다리를 심하게 다친 채 도망치는 노루 한 마리를 발견했다. 아저씨는 노루를 잡아먹을 생각으로 읍내 도축장에 갔는데 노루는 도축이 불가능하다는 말을 들었다. 별 수 없이 이 노루를 가져와 이웃의 도움을 받아 뒷마당에서 목을 매다는 방법으로 죽인 다음 고기를 잘라 함께 나누어 먹었다.

우선 이 아저씨의 첫 번째 잘못은 노루를 잡아먹으려고

했던 거야. 원래 노루처럼 야생에 사는 동물은 누구의 소유도 아니기 때문에 잡아먹는다고 해서 죄가 되지는 않아. 하지만 모든 사람이 다 노루고기가 먹고 싶어서 산으로 올라가면 노루는 금세 우리나라에서 멸종되겠지? 그래서 우리나라는 **야생생물 보호 및 관리에 관한 법률**을 만들어서, 허가를 받은 사람만 사냥을 할 수 있게 되어 있어.

 재우네 아저씨가 만약 수렵허가를 받지 않았다면 덫을 놓아 노루를 잡는 것 자체가 죄가 되는 거지. 그런데 위 사례에서는 아저씨가 덫을 놓은 게 아니니까 죄가 되는 건 아니겠지.

 그러면 재우네 아저씨는 사냥꾼이 잡으려고 했던 노루를 가져와도 되는 걸까? 만약 누군지는 모르지만 사냥꾼이 놓은 덫에 걸린 노루를 가져온다면 그것도 죄가 돼. 남이 어렵게 잡은 걸 가져가는 건 나쁜 짓이잖아. 우리 형법은 이런 걸 **절도**라고 해. 남의 것을 훔쳤다는 뜻이지.

 그런데 잡힌 게 아니라 잡았다가 놓친 노루이기 때문에 그 노루는 야생동물로서 누구의 것도 아닌 게 돼. 그래서 다친 노루를 집으로 가져온 것 자체는 문제가 되지 않을 수 있어.

자, 그러면 이제 문제는 그 노루를 먹는 건데 말이야. 요즘도 시골에서는 노루고기를 많이 먹거든. 그런데 노루를 잘라서 고기로 만드는 건 아무나 할 수 있는 일이 아니야. 다쳤지만 아직 살아 있는 노루를 죽이는 것도 쉬운 일이 아니고. 그래서 재우네 아저씨는 근처 도축장에 가서 합법적으로 도축을 하려고 했던 거지.

그런데 또 문제가 있어. 우리나라는 모든 야생동물을 도축해 주지는 않는다는 거야. 그랬다가는 작은 동물, 큰 동물, 흔한 동물, 희귀한 동물 가릴 것 없이 전부 잡아 먹어 버릴 테니까. **축산물 위생관리법**이라는 법률이 있는데, 그 법률에 따르면 소, 말, 양, 돼지, 닭, 오리, 사슴, 토끼, 칠면조, 거위, 메추리, 꿩, 당나귀만 도축을 할 수 있어. 개나 노루 같은 동물을 죽여서 고기를 따로 추리는 건 금지되어 있다는 뜻이야.

재우네 아저씨가 가져간 노루를 도축장 주인은 도축해 주고 싶어도 그럴 수가 없어. 교도소에 가는 건 물론이고 아예 도축장 문을 닫게 될 수도 있으니까.

그래서 별 수 없이 아저씨는 노루를 끌고 집으로 올 수밖에 없었던 거야. 물론 여기서 포기했어야 해. 노루를 잘 치료해서 야생으로 돌려보내거나 그럴 가망이 없으면 그냥 죽게 내버려두고 잘 묻어 줬으면 아무 문제가 없지.

그런데 시골에서는 고기가 아까우니까 도축장에서 잡아주지 않는 동물을 몰래 죽이는 경우가 있어. 원래 코로나19도 시장에서 야생동물을 불법적으로 도축하다가 동물에게서 사람으로 옮긴 병이잖아.

이런 일은 하면 안 돼. 국가에서 깨끗한 도축장을 두고 몇 가지 동물만 도축하도록 하는 건 다 이유가 있거든. 그런데 만약에 재우 아저씨처럼 집 뒷마당에서 야생동물을 도축한다면 어떤 처벌을 받을까? 예전에는 아무 처벌도 받지 않았는데 지금은 아니야. 동물보호단체들이 요즘 열심히 활동 중이지. 그 결과 **야생생물 보호 및 관리에 관한 법률**에 따라 '때리거나 산채로 태우는 등 다른 사람에게 혐오감을 주는 방법으로 죽이는 행위'는 처벌받게 됐지. 정확히 말하면, 3년 이하의 징역 또는 300만 원 이상 3천만 원 이하의 벌금에 처해지는 거야. 최대 3년까지 교도소에 갇힐 수 있다는 뜻이지.

그러니 재우네 아저씨는 노루고기가 아무리 먹고 싶어도 참아야 했어.

사실 살인이나 강도, 폭행, 이런 거는 하면 안 된다고 누구나 생각해. 그런데 산에서 잡은 노루고기를 포기해야 하는 걸까? 여기서부터는 정확하게 판단하기가 쉽지 않아. 그래서 독일 사람들은 성경 옆에 늘 법전을 두고 있다고 할 정도지. 내가 하는 일이 처벌을 받는지 안 받는지 알아두어야 하거든.

범죄는 일종의 재난과 같아. 어느 날 갑자기 닥쳐와서 많은 것을 앗아가지. 한순간 화를 못 참아서, 작은 실수 때문에 큰 범죄를 저지르고 그 대가를 오래 치러야 할 수도 있어.

특히 외국에 나가서는 더 조심해야 돼. 나라마다 법이 다르니까. 남의 여행가방 한 번 잘못 들어줬다가 몇 년째 외국 교도소에 갇혀 있는 사람도 있다고 하거든.

무엇보다 중요한 것은 늘 신중해야 한다는 거야.

　말 한 마디를 할 때도, 행동 하나를 할 때도 다른 사람에게 피해가 되지 않는지 신중하게 생각하는 습관, 그게 필요해. 사회생활이란 결국 그렇게 남을 의식하면서 살아가는 법을 배우는 것이지. 그게 어른이 되는 길이고.

7

아이들이 죄를 지었다면?

지금이야 어른에 비해 아이들을 특별히 취급해 주지만 늘 그랬던 건 아니야. 중세 유럽에서는 아이들이 덩치만 작지, 다른 건 다 어른과 똑같다고 생각했어. 그때는 아이들도 술을 마셨지. 깨끗한 물이 부족해서 맥주를 만들어서 물 대신 마셨거든. 당연히 아이들에게도 맥주를 준 거야.

또 아이들이 죄를 지었다고 해서 봐 주는 것도 없었어. 어른이랑 똑같은 형벌을 받았지. 그런데 사실 이건 문제가 많아. 물이나 맥주는 몰라도, 최소한 벌을 줄 때는 아이들을 특별히 취급할 필요가 있거든.

사람이 죄를 지으면 왜 징역형 같은 형벌을 주는지 알아? 그건 지은 죄와 똑같이 갚아줄 수 없기 때문이야. 원래 사람을 죽인 사람은 똑같이 죽이는 게 맞아. 남의 눈을 다치게 했으면 자기 눈도 다치게 하는 게 맞고. 이걸 **동해보복의 원칙**이라고 해. 인류가 아주 오래 전부터 생각해 온 거지.

그런데 문제는 똑같은 보복을 가할 수 없는 경우가 있다는 거야. 어떤 사람이 1명이 아니라 3명을 죽였다면 그 사람을 세 번 죽여야 하는데, 그건 말이 안 되니까. 또 어린 아이 손가락을 부러뜨리는 것과 다 죽어가는 사람의 손가락을 부러뜨리는 게 피해가 같다고 볼 수도 없지.

동해보복이 맞기는 한데 그럴 수 없는 경우가 많다는 말이야. 그래서 사람들은 그 '죗값'에 맞는 벌을 생각하게 되었어. 진짜 동해보복을 하기 위해서는 죄에 맞는 형벌을 정해야 했던 거지. 흉악범이 사람을 죽였다면 20년 형벌, 착한 사람인데 순간 화를 못 참고 사람을 죽였다면 10년 형벌, 이런 식으로 사람별로 형벌이 달라질 수밖에 없었어. 진짜로 동해보복의 원칙을 지키기 위해서는 어떤 사람이 어떤 죄를 지었는지를 사람별로 판단해야 하는 거지.

그런데 아이들은 뭐가 문제일까? 너무 어린 아이들은 자기가 하는 일이 옳은 건지 나쁜 건지 모르는 경우가 있어. 남의 물건을 훔치고도 "너무 갖고 싶어서 그랬어요."라고 말하기도 하잖아? 죗값으로 따지면, 흉악범이라기보다는 철부지범이라고 할 수 있지. 아직 판단력이 부족한 아이한테 전문털이범에게 하듯이 징역 5년, 이럴 수

는 없지. 아직 자기 행동에 대해 책임을 질 준비가 안 된 아이니까. 정신이상인 사람도 마찬가지야. 무엇이 옳고 그른지 모르는 상태라면, 죗값을 낮춰 줄 필요가 있는 거지.

옳고 그름을 판단하는 능력은 뇌, 그 중에서도 전두엽에 있어. 이마 바로 위에 있는 머리 부분이지. 우연히 사고로 그 부분을 다친 사람을 관찰해 봤더니 옳고 그른 걸 구별하지 못했어. 그래서 '아, 전두엽에 문제가 있으면 뭐가 옳고 그른지 모르는구나. 그런 사람한테 자기 행위에 대해서 책임을 지라고 해서는 안 되겠구나.'라고 생각하게 됐지.

어린 아이도 마찬가지야. 머리뼈는 다 자랐지만 그 안에 들어 있는 뇌는 아직 다 자라지 않았거든. 보통 만 14살 이전에는 뇌가 다 발달하지 않아서 옳고 그름을 분별할 능력이 없고, 범죄를 저질러도 책임, 즉 죗값을 묻지 않아. 이걸 **형사미성년자 제도**라고 해. 우리 형법 제9조에 적혀 있지. 만 14세 미만의 아이들이 가게에서 휴대전화를 훔치거나 남의 물건을 부수고 다녀도 처벌할 수가 없는 이유야.

그뿐만이 아니야. 설령 만 14세가 넘었다고 해도 아직 미성년자라면 처벌을 해도 가볍게 처벌해. 죗값을 줄여 주는 거지. 사람을 여러 명 죽이는 것처럼 흉악한 범죄를 저질렀어도 사형을 선고할 수 없고, 징역을 선고할 때도 '징역 3년', '징역 7년 6월' 이런 식으로 기간을 정하면 안 돼. '장기 5년, 단기 3년'과 같이 장기와 단기를 나눠야 되지.

성인이 아니기 때문에 일정한 기간 경과를 지켜보고 아이들의 성격이 순화되기를 기다리는 거야. '장기 5년, 단기 3년'이면 최소한 3년 동안은 교도소에 있어야 하지만, 3년이 지나면 그동안의 교육효과를 살펴보고 나올 수도 있어.

사실 아이들을 교도소에 보내는 것 자체가 그렇게 바람직한 일은 아니야. 어른 수감자들 사이에서 지내는 게 아이들의 성장에 치명적인 영향을 미칠 수 있으니까. 그래서 아이들이 저지른 죄가 그렇게 심각하지 않을 경우에는 징역형을 선고하는 대신 조금 더 가벼운 처분으로 대신하는 경우가 있어.

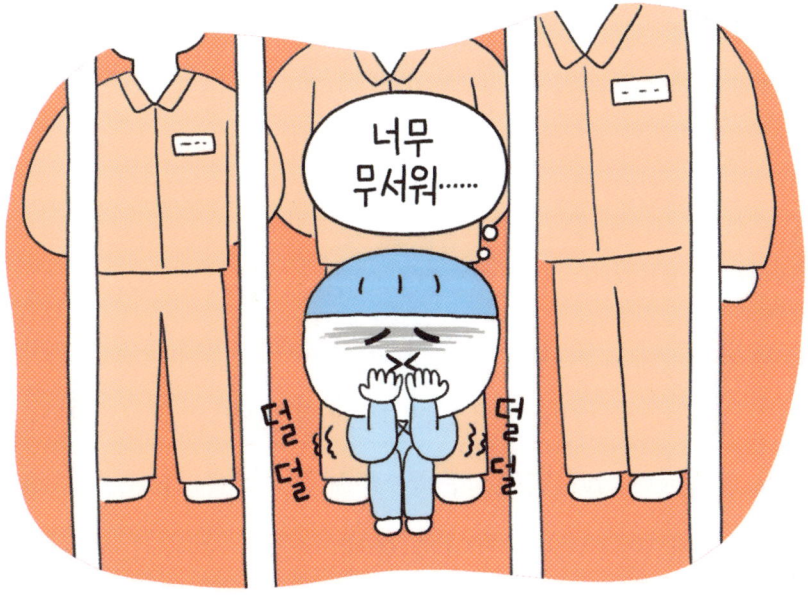

예를 들면, 사회봉사를 하게 하거나 강의를 듣게 하거나, 아니면 **소년원** 같은 특수시설에서 지내게 하는 거지. 이걸 **보호처분**이라고 해. 우리 **소년법**에 따르면 아직 성년에 이르지 않은 아이들은 형벌이 아니라 보호처분으로 죗값을 치를 수 있어.

소년원은 보통 우리가 다니는 학교 이름이 붙어 있어서 사람들은 잘 모를 수도 있어. 그런 곳에서 죄 지은 아이들끼리 같이 지내면서 공부하는 거야.

그런데 이렇게 소년법의 적용을 받는 것조차도 만 14세 이상은 되어야 돼. 그보다 어린 아이들은 보호처분이든 형벌이든, 죗값을 치르지 않아도 돼. 형사에 관한 한 **미성년자**니까. 민법상으로는 19세 미만이 미성년자이지만 형법이나 소년법에서는 만 14세가 기준이야.

만약에 만 13세인 아이가 동네 형들과 어울려 오토바이를 타고 다니면서 나쁜 짓을 저지르고 다닌다면? 그 아이는 미성년자니까 경찰이 붙잡아서 수사를 할 수 없어. 엄밀히 말하면 그 아이가 저지른 나쁜 짓은 죗값이 있는 범죄가 아니거든.

그러면 그냥 아무 일 없었다는 듯이 집으로 돌려보내야 할까? 다시 또 그런 일을 하더라도 속수무책으로 놔두어야 할까?

이건 교육적으로도 옳은 방법은 아닌 것 같아. 그래서 우리 소년법은 만 14세에 이르지 않았지만 만 10세 이상인 아이들이 나쁜 짓을 저지르면 **촉법소년**이라고 불러. '법을 어긴 것(촉법)'은 맞다고 보는 거지. 촉법소년들에게도 보호처분 몇 가지는 할 수 있어. 그래서 죄를 짓는지 감시·관찰하거나(보호관찰), 짧은 기간 소년원에 맡기기도 해.

만 10살까지는 아무 죗값도 안 물었지만, 그 후에는 최소한의 죗값은 묻도록 한 거야. 태어나서 10년이 지나면 어떤 식으로든 사회에 책임을 져야 하니까.

8

계약을 지켜 주는 민법

지금까지 헌법, 행정법, 형법, 소년법 등에 대해서 봤어. 농사를 짓고 살던 시대에는 이 정도 법이면 충분했지. 법 말고 관습 같은 걸로 얼마든지 해결이 가능했거든.

그런데 세상이 아주 넓어졌어. 특히 교통이 발달하면서 사람들이 움직이는 거리가 엄청나게 넓어진 거야. 전에는 기껏해야 강을 건너는 작은 배만 있었는데 기술이 발달하면서 지중해 같은 넓은 바다를 항해하는 큰 배를 만들게 되고, 사람 사이의 거리는 아주 가까워졌지. 같은 부족끼리만 살다가 이제는 바다 건너 멀리서 인종과 언어가 다른 사람들이 드나들게 된 거야.

로마라는 나라, 들어본 적 있지? 로마는 2,000년도 전에 있던 나라인데 그때부터 사람들 사이의 교류가 얼마나 많았는지 몰라. '모든 길은 로마로 통한다.'고 하잖아. 로마에서 장사를 하려고 북쪽 스칸디나비아에서도 오고, 남아프리카에서도 마구 몰려 왔지.

생각해 봐. 사람이 많으면 사람들 사이에 할 일이 많아지겠지? 물건을 사고팔거나 돈을 빌려 주거나 집을 내주거나 등등 말이야. 사람은 혼자 살 수 없으니까.

그래서 사람들 간에 거래가 많아지는데 이걸 법에서는 **계약**이라고 해. 물건을 사고파는 것은 **매매**, 물건을 빌리는 것은 **임차**, 물건을 맡기는 것은 **임치**, 물건을 공짜로 주는 것은 **증여**라고 하는데, 이게 전부 다 계약의 일종이야.

사람들이 살고자 하면 필요한 게 많아. 옷을 입어야 하고, 밥을 먹어야 하고, 집에서 잠도 자야 하니까. 그래서 필요한 것은 남에게서 사거나 빌리거나 받거나 해. 계약이 필요한 거지.

그리고 혼자서 모든 일을 다 할 수는 없으니까 서로 도움도 받아야 하는데 이것 역시 계약을 해야 가능하거든. "제가 매달 3백만 원을 드릴 테니 저희 회사에서 일을 해 주십시오." 이게 바로 계약이야. 계약 중에서도 일을 시키는 계약이라고 해서 **고용 계약**이라고 하지.

계약은 인류의 생존을 위해서 꼭 필요한 중요한 행위 가운데 하나야.

로마 시대나 지금이나 '계약은 자유'라는 원칙이 있어. 사람들이 누구랑, 어떤 계약을 맺는지는 국가가 관여할 일이 아니라는 거지. 생각해 봐.

'이 동네에서 쌀은 꼭 이 집에서만 사세요.'라고 말할 수는 없는 거잖아. 그리고 '쌀값은 지금부터 1킬로그램에 2만 원입니다.' 이럴 수도 없어.

더 싸게 파는 가게를 찾아 사도 되고 가까운 가게에서 살 수도 있지. 이걸 **계약자유의 원칙**이라고 해. 우리나라를 포함한 대부분의 국가가 이 원칙을 지키고 있어. 그런 나라를 '자유 경제'라고 표현하지. 국민들 간의 계약에 국가가 관여하지 않는다는 거야.

그런데 국가가 국민들 간의 계약에 일일이 관여하는 경우도 있긴 해. 예전의 소련 같은 나라는 국가에서 지정

해 주는 곳에 살고, 국가가 주는 대로 먹을 것을 나눠 받기도 했으니까. 이런 나라를 **계획 경제**라고 해. 개인 간의 계약이 아니라 국가의 '계획'에 따라 살아간다는 뜻이지.

우리 같은 **자유주의 경제**에서 국가는 국민들이 알아서 계약을 하면서 살 수 있도록 해 줘.

하지만 그렇다고 국가가 아무것도 하지 않는 건 아니야. 계약이 잘못 되었을 때, 또는 어느 한쪽이 계약을 지키지 않을 때, 국가가 나서지 않을 수 없거든. 예를 들면, 돈을 빌렸는데 갚지도 않으면서 돈을 빌리지도 않았다고 우긴다고 해 봐. 빌린 사람과 빌려준 사람 간에 다툼이 일어나겠지? 그럴 때는 법원에 가서 소송을 해야 돼. 국가가 나서지 않을 수 없는 거지.

이렇게 계약을 자유롭게 하지만 국가가 법으로 규칙을 정해 주기는 해. 계약과 관련해서 지켜야 할 것을 적은 법을 **민법**이라고 하고, 민법상 문제가 있어서 소송을 할 때 적용되는 법을 **민사소송법**이라고 해.

법원에 가면 안내하는 곳에서 이런 얘기를 하는 경우가 있어.

"민사 때문에 오셨어요, 아니면 형사 때문에 오셨어요?"

이것은 계약 등의 문제로 온 것인지 아니면 죄를 지어서 재판을 받으려고 온 것인지 묻는 거야. 어느 법원을 가도 마찬가지야. 법정은 이렇게 둘로 나눠. **민사법정**과 **형사법정**. 들어가는 문도 다르고 분위기도 다르지. 민사법정에는 돈 문제로 온 사람이 대부분이고, 형사법정에는 죄를 지어서 온 사람이 대부분이야.

살다 보면 민사법정에 갈 일이 생길 수는 있지만, 최소한 형사법정에 갈 일은 절대 없어야 돼. 떼인 돈은 법원을 통해서 받으면 되지만, 한 번 저지른 죄는 아주 오래도록 남아서 괴롭히거든. 기록에도 남고, 기억에도 남아서 잘 지워지지 않을 수 있어.

9

일하는 사람을 위한 노동법

아무리 법이라고 해도 흐르는 물길을 바꿀 수 없어. 세차게 흐르는 강물을 통째로 막아서 방향을 돌리겠다고 나서서는 안 돼. 법이 할 일은 세상이라는 물길이 제대로 흐르게 두는 거야. 혹시라도 물길이 너무 세서 작은 구멍이 생기거나 강둑이 터지려고 할 때, 그걸 옆에서 메꾸고 물길을 가로막는 방해물을 없애는 정도가 법의 역할이지.

법은 세상을 끌고 가지 않아. 세상이 먼저 가고 법은 그 뒤를 따라가면서 세상이 가는 길을 지켜 줄 뿐이지. 그런데 법이 더 깊이 관여할 때도 있었어. 아주 가끔 말이야.

18세기 산업혁명 이후 인류는 전에 볼 수 없었던 엄청난 속도로 발전을 하게 돼. 여기저기 공장이 세워지고 힘차게 공장이 돌아가기 시작한 거야.

집에서 손으로 옷감을 기워가며 옷 몇 벌을 만들던 시절에는 상상도 할 수 없을 만큼 많은 물건이 뚝딱뚝딱 만들어졌지. 공장 주인들은 무척 신이 났어. 공장을 하루 종일 돌려서 수십 벌, 수백 벌의 옷을 만들어 내게 되었으니까.

그런데 문제는 당시 공장에서도 사람의 힘이 필요했다는 거야. 물론 사람이 부족하지는 않았어. 농사 지을 땅

한 평 없는 사람들이 수없이 도시로 몰려들었으니까. 그들을 공장에서 밤새 일을 시키면 되는 거였지. 아이들도 예외가 아니었어. 초등학교만 졸업하면 바로 공장 일을 시작했어. 이른 아침부터 늦은 밤까지 졸린 노동자들에게 커피를 마시게 하면서 공장을 돌렸지.

그 결과 공장을 가진 사람들은 금세 부자가 되었고, 일을 하는 사람들은 점점 살기 어려워졌어. 일을 하겠다는 사람은 많았으니까 월급을 조금만 줘도 문제가 없었거든. 노동자들의 삶은 말이 아니었어. 일을 하면 할수록 더 가난해지는 게 누가 봐도 신기할 정도였지. 사회는 점점 풍요로워지는데, 노동자들은 그 풍요를 누릴 기회가 없었어.

결국 법이 나설 수밖에 없었지. 그 전에는 계약자유의 원칙이 적용되어 월급을 얼마를 주든, 휴가를 얼마 동안 보내든, 일하는 시간을 어떻게 정하든 모두 공장 주인들 마음이었거든. 힘없는 노동자들은 공장 주인들이 내미는 계약서에 서명을 할 수밖에 없었지.

그러다가 근로기준법이라는 새로운 법률이 만들어졌어.

근로시간을 제한하고, 어린이들의 노동을 제한하고, 의무적으로 휴가와 휴식을 주는 등 반드시 지켜야 할 사항을 법으로 정한 거야. 계약 '자유'가 아니라 계약을 '강제'하는 법이 생긴 거지.

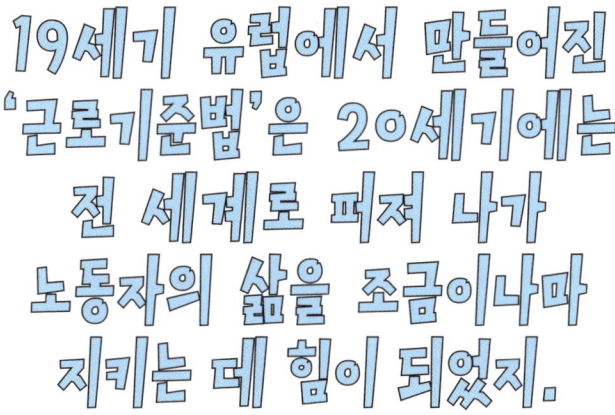

19세기 유럽에서 만들어진 '근로기준법'은 20세기에는 전 세계로 퍼져 나가 노동자의 삶을 조금이나마 지키는 데 힘이 되었지.

노동자들은 노동조합을 조직해서, 단체로 고용주와 협약을 맺고, 협약을 맺는 데 어려움이 생기면 파업을 할 권리를 얻었어. '노동조합결성권', '단체협약권', '단체행동권'이라는 노동 3권이 보장된 거야. 동시에 노동법이라는 새로운 법 분야가 생겨나게 되었지.

사람은 누구나 먹고살기 위해서 일을 해야 돼. 그리고 그 덕분에 더 많은 물건이 만들어지고, 더 많은 서비스가 가능해지고, 세상이 더 좋게 바뀌어 가는 거야. 사람의 '노동력'을 돈 주고 사면 그만이라고 생각해서는 안 돼. 사람의 노동은 마구잡이로 뽑아 낼 수 있는 게 아니거든. 사람이 노동으로 세상에 기여하고, 그 대가로 월급을 받아 가정을 꾸리고, 행복한 삶을 살기 위해서는 노동법이 할 일이 많아.

예를 들어 유럽의 노동법에서는 노동자도 회사 경영에 참여할 권리가 있어. 노동자가 자신의 노동이 어떻게 쓰일지를 결정할 권리를 가지는 거야.

앞으로 무슨 일을 하든 꼭 **근로계약서**라는 것을 써야 해. 그리고 계약조항에 **근로기준법**에 어긋나는 게 없는지 꼼꼼히 확인해야 돼. 혹시라도 어긋나는 게 있으면 이의를 제기하고, 그래도 받아들여지지 않으면 각 지역에 있는 고용노동청에 신고를 하면 돼. 근로기준법에도 벌칙 조항이 있어서 법이 정한 것을 지키지 않은 고용주를 처벌하기도 하지. 근로기준법도 꼭 지켜야 하는 법 중에 하

나야.

　노동조합이 생기고, **단체협약**을 맺고, 파업을 하는 것은 단순히 사회를 시끄럽게 만드는 일이 아니야. 너무 당연한 일이고, 거의 모든 나라 헌법이 기본권으로 보호하는 일이지. 일하는 사람들이 즐겁게 일할 수 있는 나라가 되어야 진짜로 자유로운 나라가 되는 거니까.

　지하철에서, 거리에서, 도로에서, 시장에서, 일하고 있는 사람들을 어떻게 대우하는지를 보면 그 나라의 수준을 알 수 있어. 근로기준법과 같은 노동법이 잘 되어 있는 나라가 진짜 선진국이지.

법은 어떻게 만들어질까?

이런 독일 속담이 있어.

'법률과 소시지는 아무도 만드는 법을 모른다.' 그만큼 만드는 과정이 복잡하다는 뜻도 되고, 만드는 과정에 뭐가 들어가는지 분명하지 않다는 얘기도 돼. 중간에 하도 많은 사람이 개입해서 원래 만들려고 했던 게 다 바뀌고 만다는 뜻일 수도 있어.

그도 그럴 것이 법은 만드는 사람에게 유리하게 마련이거든. 한 번 생각해 봐. 교실 안의 규칙을 만들어야 한다면, 조금이라도 자기에게 유리하게 만들고 싶지 않겠어? 다른 아이들이 1주일에 한 번 청소를 해야 한다면 만드는 사람은 한 달에 한 번 청소를 하도록 말이야.

인류 역사를 돌아보면 그런 일이 너무 많았어. 힘 있는 사람에게 유리한 법이 만들어졌고 힘없는 사람들은 법 때문에 피해를 볼 수밖에 없었지. 그래서 법을 안 좋게 생각하는 사람들도 많아. 만드는 과정부터 공정하고 정의로운 법이어야 하는데 그러지 못했다는 것이지.

자, 그렇다면 우리는 어떨까?

우리나라는 민주공화국이야. 즉 국민이 정치를 하는 나라라는 뜻이고 당연히 법을 만드는 것도 국민이야.

모든 권력은 국민으로부터 나오니까 법을 만드는 권력 역시 국민에게서 나오는 게 당연한 얘기겠지.

그런데 한 가지 문제가 있어. 법을 만들기 위해서는 먼저 '안'을 만들어야 하거든. 제1조는 어떻게 하고, 제2조는 어떻게 하고, 등등. 일종의 설계도를 그리는 거야.

어디 그것뿐이야? 법을 왜 만들어야 하는지, 있는 법을 바꾸면 왜 바꾸어야 하는지, 그 이유도 설명해야 돼. 그런데 안을 만들고 설명을 하는 일을 우리 5천 만 국민들이 모두 모여서 할 수는 없겠지. 그래서 대부분의 나라처럼 우리나라도 그 일을 국민의 대표에게 맡기고 있어. 그 사람들이 바로 **국회의원**이야.

우리나라에는 현재 총 300명의 국회의원이 있어. 각

지역을 대표하는 사람 230여 명과 각 분야를 대표하는 사람을 합해 총 300명이지. 그들이 법률안을 만들고, 이유를 설명하고, 토론을 한 다음 표결을 거쳐 법률로 통과시키는 거야.

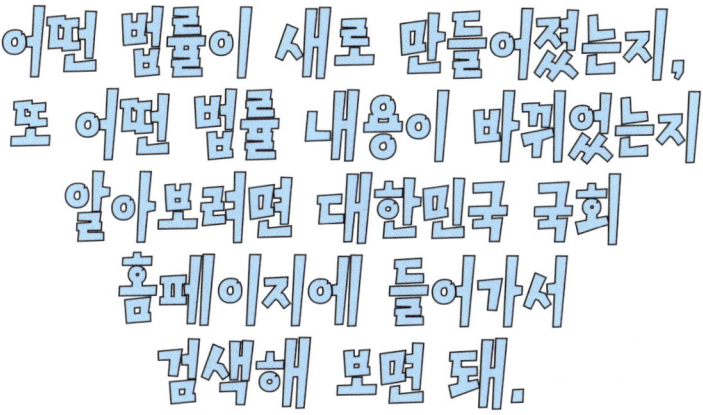

어떤 법률이 새로 만들어졌는지, 또 어떤 법률 내용이 바뀌었는지 알아보려면 대한민국 국회 홈페이지에 들어가서 검색해 보면 돼.

여기서는 '안'은 물론이고, 제안 이유도 다 확인할 수 있고, 그 법률에 대해 어떤 논의를 했는지도 '회의록'을 통해서 확인할 수 있어. 국회가 통과시키는 법률은 하나같이 나라 전체의 살림살이에 중요한 일이므로 늘 관심을 가지고 지켜볼 필요가 있지.

이렇게 국회를 통과한 법률은 정부로 가. 법률을 국민들에게 알리는 것은 정부가 할 일이거든. 그런데 가끔씩 국회가 통과시킨 법률 내용에 대해 정부가 곤란하다는 의견을 표할 때가 있어. 우리 현실에 맞지 않는 법률을 통과시켰다거나, 그대로 시행하면 문제가 생길 것 같은 경우지. 그러면 정부를 대표하는 대통령이 **거부권**을 행사할 수 있어. "죄송하지만 이 법률은 그대로 시행할 수가 없겠습니다."라고 국회로 돌려보내는 거야.

앞에서 **삼권분립**이라는 걸 봤잖아? 국회와 정부, 사법부는 나누어져 있기 때문에 서로에게 간섭할 수 없어. 그렇다고 해서 국회가 무슨 일을 하든 정부는 아무런 신경을 쓰지 않을 수는 없지. 경우에 따라서는 국회가 한 일에 대해 정부가 반대를 하기도 해. 그러면서 서로 견제를 하는 거지. 국민을 위해서 말이야. 대통령의 거부권은 국회에 대한 정부의 견제 수단으로 가장 중요한 거야.

통과된 법률에 대해 대통령이 거부권을 행사하면 그 법률은 다시 국회로 돌아오게 돼. 하지만 그렇다고 해서 법률이 없어지는 건 아니야. 국회에 다시 한 번 검토를 할

기회를 주는 거니까. 그 결과 전체 국회의원 3분의 2의 찬성으로 다시 한 번 통과를 시키면 그때는 대통령도 어쩔 수 없어. <mark>국회의장</mark>이 바로 법률로 공표를 하고, 그대로 시행이 되는 거야.

이렇게 복잡한 과정을 거쳐 법률 하나가 통과되었다고 할 일이 전부 끝나는 게 아니야. 예를 들어 우리나라의 경기도가 너무 크니까 경기북부와 경기남부로 나누는 법률을 국회가 통과시켰다고 해 봐. 그런 다음에도 해야 할 일이 아주 많아. 법률이라는 것은 큰 그림만을 그린 것이기 때문에 실제 그 안에 자세한 내용이 나와 있지는 않거든. 경계를 어디로 한다는 것 정도만 나와 있을 뿐이지.

이제까지 경기도가 가지고 있던 재산을 경기북부와 경기남부 사이에 어떻게 나눌지, 법원이나 검찰청, 경찰청, 교육청 등도 전부 경기북부와 경기남부로 나눌지, 중앙 정부의 지원금은 둘 사이에 어떻게 나눌지 등을 정해야 돼. 그런 내용을 겨우 300명밖에 안 되는 국회의원들이 다 결정해서 법률에 적을 수는 없어. 그래서 정부가 구체적인 내용을 담은 하위법률을 더 만들어야 하는 거지. 행정안전부나 국토교통부, 교육부 등은 물론이고 어떤 경우에는 행정부의 최고책임자인 대통령이 나서서 정리해 줄 필요도 있어.

이렇게 법률에서 다 못 적었거나, 법률에 다 적기는 쉽지 않은 것을 정부가 추가적으로 시행령 또는 시행규칙 형태로 만들어. 대통령실이 주도해서 만들면 '시행령'이라고 하고, 각부 장관들이 주도해서 만들면 '시행규칙'이라고 해. 앞에서 우리가 본 법률 중에 축산물위생관리법이라는 게 있었어. 그 아래 축산물위생관리법 '시행령'도 있고, 축산물위생관리법 '시행규칙'도 있지. 국민들의 건강에 직접 영향을 미치는 축산물 위생이라는 건 이처럼 국회와 정부가 서로 긴밀하게 협력해서 잘 대처해 나가야 하는 거야.

초등학교 운영에 대한 것은 초·중등교육법에 다 나와 있어. 몇 살이 되면 초등학교에 가고, 수업 일수는 얼마로 하고, 선생님은 누가 되고 등등을 다 확인할 수 있지. 그런데 초등학교에서 뭘 배울지 그것까지 자세히 적혀 있지는 않아. 그래서 '초·중등교육법' 제23조 제1항에서

"학교는 교육과정을 운영하여야 한다."라고만 해 놓고 자세한 것은 '초·중등교육법 시행령'이라는 데서 정하라고 해. 대통령에게 결정하라는 거지.

시행령 제43조 제1항에 보면 초등학교에서는 "국어, 도덕, 사회, 수학, 과학, 실과, 체육, 음악, 미술 및 외국어"를 배운다고 나와 있어. 그게 우리나라 법인 거지. 그래서 아이들이 음악을 싫어한다고 해서 교장 선생님 마음대로 음악 과목을 없앨 수는 없어. 시행령에 어긋나거든.

이처럼 학교를 포함해서 우리 삶의 너무나 많은 부분을 법이 정하고 있어. 법을 잘 모르면, 세상을 잘 모른다고 봐도 틀린 말은 아니야.

11

법 관련 일을 하는 사람들

자, 이번에는 법 관련 일을 하는 사람들을 살펴볼까?

법에 관련된 일을 하는 사람은 우리나라에 엄청나게 많아.

잘 생각해 보면, 법으로부터 자유로운 영역은 거의 없기 때문에, 대부분의 사람들이 법에 관련된 일을 하고 있다고 봐야지. 우리 동네 미용실도 공중위생관리법에 적힌 내용을 지켜야 하기 때문에 헤어디자이너라고 해서 법을 몰라도 되는 건 아니야.

그 가운데 국회의원과 정부 부처 공무원들은 법에 관한 아주 중요한 일을 하는 사람들이지. 앞에서 본 것처럼 국회의원은 법을 만드는 사람이고, 공무원은 법이 다 정하지 못한 것을 정하고 국회가 만든 법을 집행하는 사람들이기 때문이야. 하지만 이 사람들의 업무 전체가 법에 관련된 것은 아니야. 국회의원은 법을 만드는 일 말고도 여러 가지 일을 하거든. 정부가 돈을 허투루 쓰지 않는지 감시한다든지, 정부가 일을 제대로 잘 하는지 살피는 것도 국회의원의 할 일이거든.

행정 부처 공무원도 마찬가지야. 법대로 일을 하는 게 기본 임무이기는 하지만, 경우에 따라서는 법과는 상관없는 일도 하거든.

진짜로 오로지 법에 관련된 일만 하는 사람들은 **법조인**이라고 불러. 판사나 검사, 변호사 같은 사람이야.

먼저, **판사**를 살펴볼까?

국회가 만들고 정부가 집행하는 법에 관해 다툼이 생길 수 있어. "당신은 왜 법을 안 지킵니까?"라고 싸우다 보면, 서로 감정의 골만 깊어지고, 일이 해결이 되지 않으니까 누군가는 판단을 해 줘야겠지. 그런 일을 하는 사람이 바로 판사야. 이 일에 관해서는 당신이 옳다고 말해 주는 사람이지. 판사가 없다면 아무리 좋은 법을 만들어 놓아도 법이 끊임없이 싸움만 일으키고, 세상은 더 혼란스러워지기만 하겠지.

법에 관한 다툼이라고 하지만, 그 대상은 법률에만 국한되지 않아. 앞에서 본 시행령과 시행규칙은 물론이고,

그 아래 있는 자질구레한 규정까지 다 봐야 문제가 해결되는 경우가 많거든. 그래서 판사는 기본적으로 법에 대해 '통달'한 사람이라야 해. 공부도 많이 해야 하고, 무엇보다 다양한 사건을 다루면서 경험을 쌓아가야 하지. 처음에는 선배 판사 옆에서 일을 배우다가 나중에는 혼자서 사건을 처리하고, 그다음에는 선배가 돼서 후배 판사들을 가르치기도 해.

그렇게 아주 오랜 시간이 지나서 충분히 경력을 쌓은 판사들은 **대법관**이 되고, **대법원장**이 되기도 하지. 우리나라에 대법원장은 딱 1명이고, 대법관은 총 13명이야. 판사 중에 판사라고 할 수 있지.

판사는 원래 사건을 가리지 않아. 돈 빌리는 계약에 관한 사건도 처리하고, 죄를 지은 사람에게 형벌도 선고하고, 정부 부처 간의 다툼도 해결하고, 하는 일이 아주 많지. 반면에 **검사**는 아주 일부를 제외하고는 대부분, 범인을 잡아서 처벌하는 일만 해. 절도범, 살인범, 사기범, 마약범, 위조범 등등. 온갖 나쁜 사람들을 조사해서 판사 앞에 데려가는 사람이 바로 검사야.

검사들이 있는 곳을 검찰청이라고 하는데, 예를 들어 서울 강남구 서초동에 있는 검찰청은 **서울중앙지방검찰청**이라고 해. 서울을 동, 서, 남, 북, 중앙, 이렇게 다섯 개로 나눠서 중앙, 즉 가운데 있는 검찰청이라는 뜻이지. 그 안에 수백 명의 검사들이 온갖 종류의 범죄자들과 씨름을 하고 있어. 그리고 검찰청 옆이나 앞, 뒤에는 예외 없이 법원이 있지. 서울중앙지방검찰청 바로 옆에 **서울중앙지방법원**이 있고, 서울북부지방검찰청에서 작은 울타리를 넘으면 바로 서울북부지방법원이 있는 식이야. 그래서 검찰청에서 수사가 끝나면 바로 옆 법원에 가서 재판을 해. 그렇게 두 기관은 서로 짝을 이뤄서 범죄자를 처벌하는 일을 하는 거지.

우리나라에 검사는 대략 2,000명, 판사는 3,000명 정도이고 나머지는 전부 **변호사**야. 법조인 50,000명 중에 90%는 변호사 일을 한다고 보면 되는 거지. 변호사는 진짜로 하는 일이 다양해. 어떤 사람들은 형사재판만 하거나 민사재판만 하기도 하고, 또 어떤 사람은 회사에서 보통 직원처럼 법률 사무를 보기도 하고, 어떤 사람은 국세

청 같은 국가기관에서 근무하기도 하지.

그런데 어느 곳에 있는 변호사든, 변호사 일을 하려면 먼저 변호사 자격증을 따야 돼. 법과대학을 나왔다고 해서 다 변호사가 되는 건 아니거든. 예전에는 사법시험이라는 시험에 합격하고 사법연수원 2년을 마치면 변호사 자격증을 줬지.

그런데 요즘은 **법학전문대학원**, 즉 **로스쿨**에서 3년 동안 법 공부를 하고 **변호사 시험**에 붙어야 자격증을 받을 수 있어. 그 자격증이 있어야 회사든, 국가기관이든, 변호사 사무실에서든, 변호사 일을 할 수 있지.

앞에서 본 판사나 검사는 법학전문대학원에 다니면서 따로 시험을 봐서 붙어야 돼. 그런 다음 변호사 시험까지 붙으면 최종적으로 검사 또는 판사가 되는 거야. 다만 한 가지, 판사는 너무 중요한 자리라서 시험을 붙었다고 바로 판사가 되는 건 아냐. 법원에서 서기(클럭)로 2년 동안 일을 하고, 변호사 생활을 8년 더 한 다음에, 다시 법원에 들어와 판사가 되는 거지. 그만큼 알아야 할 게 많은 게 판사라는 자리야.

12

로스쿨이 뭐예요?

중고등학교 6년을 마치면 대학에 갈 수 있어. 문과대학에 가서 철학이나 문학, 역사를 공부하는 학생도 있고, 사회과학대학에 가서 정치학이나 사회학을 공부하는 학생도 있고, 경영학이나 경제학, 공학, 의학 등을 전공하기도 해.

그 수가 많지는 않지만, 우리나라 대학에는 법과대학도 있어. 우리가 지금까지 살펴본 헌법이나 형법, 행정법, 민법, 노동법 등을 배우는 거지. 그런데 법학을 했든, 그 외의 학문을 했든, 4년 전공을 마친 사람들이 법조인이 되기 위해서는 반드시 법학전문대학원(로스쿨)에 진학을 해야 돼. 로스쿨을 거치지 않으면 변호사 시험을 볼 자격이 없거든. 또 변호사 시험에 합격하지 못하면 판사나 검사가 될 수 없어.

그런데 로스쿨에 가려는 사람들이 많기 때문에 입학시험을 쳐야 해. 법학적성시험이라고 하는 시험이지. 시험에서 높은 점수를 받고, 대학에서 학점이 좋고, 영어 실력이 어느 정도 되면 로스쿨에 입학할 수 있어. 로스쿨은 수도권에 14개, 지방에 11개를 포함해서 전국에 25개가

있는데, 큰 곳은 매년 150명, 작은 곳은 매년 40명, 전체적으로는 총 2,000명의 학생을 뽑아.

로스쿨 과정은 총 3년이고, 그 안에 법학 공부도 해야 하고, 법 문서 작성법 등 실무도 익혀야 하고, 형사소송법, 민사소송법, 상법 등 배워야 할 게 한두 가지가 아니야. 방학에도 맘껏 놀 수가 없어. 로펌이나 정부 부처 등으로 실무 수습을 가야 하거든. 그리고 마지막 겨울방학 시작 즈음에 변호사 시험을 보게 되는 거야.

변호사 시험은 하루에 끝나는 게 아니고, 4일 동안이나 봐. 중간에 하루 쉬는 날까지 있어서 끝나려면 총 5일이 걸리지. 아침부터 저녁까지 민사법, 형사법, 공법, 선택과목 등 그야말로 법에 관한 모든 것을 테스트하게 돼.

그 결과 한 번에 붙으면 다행이지만 혹시라도 떨어지면 다음해에 또 봐야 돼. 요즘 변호사 시험의 합격률은 50% 정도 돼. 반은 떨어진다는 거지. 그걸 무사히 통과하면 판사, 검사, 변호사 등 법조인의 길이 시작되는 거야.

미국 영화 주인공으로 가장 많이 나오는 직업이 변호사야. 미국에는 정말로 사회 곳곳에서 변호사들이 아주 중

요한 역할을 하고 있어. 미국 대통령들의 경력을 가만히 보면 반은 변호사고, 나머지 반은 MBA(경영대학원)나 정치학을 전공한 사람이지. 우리나라도 최근 들어서 점점 그렇게 되어 가고 있어. 법원과 정부 부처는 물론이고, 일반기업체에도 변호사들이 많은 자리를 차지하고 있지.

법은 출세와 성공의 길이기도 하지만, 법을 알면 우리 사회를 더 정확하게, 더 깊이 이해하는 데 도움이 돼.

특히, 옳고 그름을 따지는 데 민감하고, 합리적이고 정확한 것을 좋아하는 성품을 가졌거나 사회정의와 공정을 중시하는 어린이라면 한 번 도전해 볼 만해. 국제기구나 유엔 등에서 일하는 데도 로스쿨 전공자가 아주 유리하지.

법은 우리 사회를 지탱하는 뼈대와 기초 같은 거야. 법이 튼튼하면 나라도 튼튼하고, 그 안에서 풍요로운 삶이

가능한 거지.

　시작은 조금 어려울 수 있어도, 이 길에서는 꼭 합당한 보상이 있을 거야. 다시 태어나도 법조인의 길을 가겠다는 사람도 아주 많거든.

13

세상을 바꾸는 방법

지구상에는 현재 75억 명의 사람이 살고 있어. 사람들 모두 살아 있는 동안 생명을 누리면서, 행복하고 자유롭게 살아야겠지. 가족끼리 맛있는 것도 먹고, 회사에서 일도 하고, 사랑도 하고, 여행도 가야 해. 75억 명 한 명 한 명이 죽는 날까지 이 땅에서 평화롭게 살게 하는 것 자체가 인류에게 주어진 엄청난 숙제지. 결국 조금씩 양보하면서 살아갈 수밖에 없어. 공존이 필요한데, 그 공존의 방법이 바로 법이라는 거야.

법은 그다지 어감이 좋은 단어는 아니야.

"법대로 해라!"

"법을 지켜라!"

"그런 법이 어디 있냐!"

주로 싸울 때 들먹이는 게 법이지. 하루 종일 법 얘기를 하는 판사나 검사, 이런 분들 표정을 보면 그다지 즐거워 보이지 않아. 근엄하고 진지하고 까다롭고, 일이 그러니까 사람들도 괜히 우울해 보이고.

법은 기본적으로, 사람을 얽매이고 조이는 일을 해. 이것도 안 된다, 저것도 안 된다, 이리로 가세요, 그쪽으로

는 가시면 안 돼요 등등. 반드시 하라는 것과 절대 하지 말라는 것투성이지. 연예인처럼 즐거운 직업과는 영 딴판이야. 길 가다가 연예인을 만나면 같이 사진이라도 찍고 싶지만 판·검사나 변호사를 만나면 다가가기보다는 피하고 싶기도 해.

  법이란 그런 거야. 생각하기 귀찮은 거고, 만들고 지켜도 그다지 친근해 보이지 않는 거고, 얘기하는 것 자체가 부담스러운 것이기도 해. 이런 걸 우리는 **필요악**이라고 하지. 필요하기는 한데 그다지 좋아 보이지 않는 거. 그

게 법의 운명이야.

　서점에 가서 잘 살펴봐. 법 관련 책이 베스트셀러가 되는 경우는 거의 없어. 마지못해 찾아보는 게 법이지.

　하지만 그럼에도 불구하고 법 공부를 안 할 수는 없어. 법은 반드시 알아야 돼. 판사나 검사, 경찰이나 법학교수, 변호사만 알아야 되는 게 아니라 우리 같은 일반 국민이 알아야 하는 거야. 세상이 어떻게 생겼는지, 어떻게 움직이는지, 또 어떻게 흘러가야 하는지 파악하는 데 법이 빠질 수는 없거든.

"저는 법 없이도 살 사람이라는 얘기를 많이 듣습니다. 저는 법 필요 없는 것 같네요."라고 말할 수 있는 사람은 아무도 없어. 법은 모든 국민을 적용 대상으로 해. "저 사람은 착해 보이니까 법에서 좀 빼 주죠."라고 말할 수도 없는 거지. 모두에게 적용되는 수많은 법이 지금도 존재하고 있고, 새로 만들어지고 있고, 인류가 존속하는 한, 없어지지도 않을 거야.

아리스토텔레스가 말했지. 삶의 목적은 행복이라고. 프랑스 인권선언은 또 이렇게 얘기해. 모든 사람의 생명과 자유와 행복이 보장되어야 한다고. 결국 인간의 꿈은 자유롭고 행복하게 사는 거야. 그런데 그 꿈은 냉정하게 말하면 불가능한 꿈이야. 모든 인간이 자유롭고 행복한 세상은 결코 올 수 없을 테니까.

자유와 행복은 전체 크기(총량)에 제한이 있어. 무한하지가 않아. 어떤 사람이 최대한 자유로우면 그 옆에 있는 사람은 그만큼 부자유스러울 거고, 어떤 사람이 무한히 행복해 하는 세상에서 다른 사람은 지옥 같은 삶을 살 수도 있어. 우리가 살고 있는 이 땅은 무한한 곳이 아니라,

유한한 곳이니까.

이 문제를 해결하는 방법은 딱 하나야. 75억 명의 사람들이 가능하면 평등하게 나누어 가지도록 하는 거지. 누구 한 명만 자유롭고 행복한 세상이 되어서는 안 돼. 수만 명의 부자들만 무한한 자유와 행복을 누려서도 안 되고.

최대한 많은 사람들이 자유롭고 행복한 삶을 살도록 해야 해. 그게 우리의 목표야. 매일 아침 씻을 수 있고, 매끼 든든한 밥을 먹을 수 있고, 일이 끝나고 돌아와 집에서 편안한 저녁시간을 보낼 수 있게 하는 것.

그래서 법이 필요한 거야. 누구 하나라도 자기 몫보다 더 많이 가져가지 못하게 하는 게 법이니까. 그리고 남는 것은 모자란 사람들에게 나누어주는 거야. 75억 인구가 다 법을 잘 지킨다고 생각을 해 봐. 세상은 지금보다 훨씬 더 좋아질 거야. 모든 사람들이 다 부자로 살 수는 없겠지만, 최소한 먹을 게 없어서 굶어죽는 사람은 사라지겠지.

지구는 이제 75억 명의 사람만 사는 별도 아니야. 그보다 훨씬 더 많은 동물과 식물이 살고 있어. 사람과 동물,

식물, 환경, 지구는 한 목숨이나 다름없어. 모두 지구의 주민인 거지. 주민들 모두 하늘이 허락한 삶을 자유롭고 행복하게 살다가 죽기 위해서는 법을 만들고 지켜가는 수밖에 다른 도리가 없어.

인도의 간디는 이렇게 말했어. 지구에는 모든 사람들이 먹고 남을 만큼의 식량이 있지만, 그 식량은 단 한 사람의 욕심을 채우는 데도 부족할 수 있다고.

자, 이제 우리는 어떤 길을 택할까? 모두가 조금씩 나눠서 먹을까, 아니면 마지막 한 사람이 남을 때까지 먹을 걸 가지고 끝없는 싸움을 벌일까?

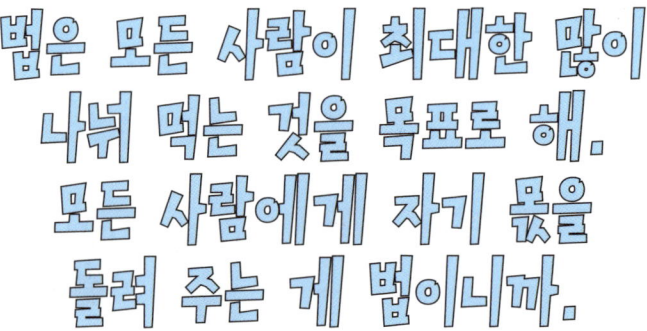

법은 그런 의미에서 자유롭고 평등한 세상을 꿈꾸고 있

어. 불가능해 보이지만, 쉽지 않을 줄 알지만, 법은 그런 길을 찾아갈 거야. **최대 다수의 최대 행복**을 말이야.

　법이 까다로워 보이고, 칙칙해 보이고, 딱딱해 보이고, 근엄해 보이고, 그다지 즐거워 보이지 않는 것은 그렇게 힘들고 어렵고 막중한 일을 하고 있기 때문이야. 일그러진 현실과 고통스럽게 싸우고 있기 때문이야. 보통 사람들의 편에 서서 합리적이고 공정한 사회를 만들어 가고 있기 때문이야. 우리 모두가 행복하게 살다 죽는 세상을 위해 차갑고 냉정하게 세상을 바라보고 고쳐가고 있는 게 바로 법이야.

　어떻게 하면 그늘진 곳에 있는 한 사람이라도 더 구할 수 있을까 날카로운 눈으로 살펴보고 있어. 부자들의 탐욕과 정치가들이 야심에 맞서 힘없고 무지한 사람들을 보호할 수 있을까 고민하고 있고.

　법은 아마도 겉은 차갑지만 속은 마냥 따뜻한, 우리 동네 든든한 경찰관 아저씨 같은 모습일 거야. 무뚝뚝해 보이지만, 속으로는 한없이 포근한 우리들의 영웅 같은 사람 말이야.

법은 아주 잘 드는 칼과 같아서 누가 자루를 쥐었는지가 너무나도 중요해. 탐욕스러운 사람들 몇몇이 쥐고는 아무렇게 휘둘러서 세상을 공포에 몰아넣을 수도 있고, 합리적이고 냉철한 사람이 신중하게 쥐고 사회의 암 덩어리만 정확하게 도려내서 세상을 더 살기 좋은 곳으로 만들어 줄 수도 있겠지.

법은 그래서 더욱더 아무에게나 맡길 수가 없어. 그렇기에 앞으로 여러분이 잘 자라서 법을 잘 만들고 다듬어서, 모든 사람들이 자유롭고 행복한 세상을 만들 수 있었으면 좋겠어.

교양 꿀꺽

법은 정말 필요할까?

초판 1쇄 발행 2023. 7. 20.

지은이 김희균
그린이 김잔디
발행인 이상용
발행처 봄마중
출판등록 제2022-000024호
주소 경기도 파주시 회동길 363-15
대표전화 031-955-6031
팩스 031-955-6036
전자우편 bom-majung@naver.com

ISBN 979-11-92595-21-4 73360

값은 뒤표지에 있습니다.
잘못된 책은 구입한 서점에서 바꾸어 드립니다.
본 도서에 대한 문의사항은 이메일을 통해 주십시오.

봄마중은 청아출판사의 청소년·아동 브랜드입니다.